MALALA

UNA NIÑA VALIENTE DE PAKISTÁN

por JEANETTE WINTER

editorial juventud

Barcelona

La historia de Iqbal Masih me ha acompañado desde que leí su necrológica el 19 de abril de 1995, tres días después de que fuera tiroteado. Supe de su vida y del valor que mostró al denunciar la esclavitud infantil por deudas en las fábricas de alfombras de Pakistán.

El 9 de octubre de 2012, al leer que, en Pakistán, habían disparado a Malala Yousafzai por manifestarse a favor del derecho de las niñas a ir a la escuela, volví a pensar en Iqbal.

Dos niños valientes cuyo valor trasciende su juventud vinieron a mi mente a la vez, y de ahí surgió este libro.

—J. W.

Edición original de Beach Lane Books,
un sello de Simon & Schuster Children's Publishing Division, Nueva York

© del texto y las ilustraciones: Jeanette Winter, 2014
© de la traducción castellana:
EDITORIAL JUVENTUD, S. A., 2015
Provença, 101 - 08029 Barcelona
info@editorialjuventud.es
www.editorialjuventud.es

Traducción de Susana Tornero
Primera edición, 2015
ISBN 978-84-261-4186-6
DL B 3086-2015
Núm de edición de E. J.: 12.921

NOTA DE LA AUTORA

Dos niños pakistaníes denunciaron la injusticia de su mundo. La valentía con que afrontaron el peligro resulta inspiradora para todos aquellos que conocen su historia.

MALALA YOUSAFZAI
1997–

Malala nació en el pueblo de Mingora, en el valle de Swat de Pakistán. Vivía con su madre, su padre y sus dos hermanos. Malala empezó a ir a la escuela que su padre dirigía a muy temprana edad, y era una excelente estudiante.

Los talibanes, un grupo de extremistas religiosos, habían ganado poder en el valle de Swat y persuadían a las niñas para que no fueran a la escuela. Malala le preguntó a su padre: «¿Por qué no quieren que las niñas vayan a la escuela?». «Tienen miedo de los lápices», le respondió.

Cuando Malala tenía solo once años, habló en público por primera vez sobre la importancia de la educación de las niñas. Siguió defendiéndolo incluso cuando los talibanes se volvieron más agresivos. Las amenazas continuaron, pero eso no detuvo a Malala; hasta el día en que volvía a casa en una camioneta escolar, y un miliciano talibán le disparó. La bala le entró por la cabeza y el cuello hasta alcanzar el hombro. Malala fue tratada en muchos hospitales, hasta llegar finalmente al Hospital Queen Elizabeth de Birmingham, en Inglaterra, país donde vive ahora con su familia.

Malala ha recibido muchos premios por su valentía, tales como el Premio Internacional de los Niños por la Paz (finalista), el Premio Nacional Juvenil por la Paz de Pakistán, el Premio Internacional Madre Teresa Memorial por la Justicia Social y el Premio Roma por la Paz y la Acción Humanitaria. El año 2014 recibió el Premio Nobel de la Paz como homenaje a su lucha por el derecho a la educación de todos los niños.

Malala sigue recuperándose y hablando alto.

Que yo nunca rece
para ser preservado de los peligros,
sino para alzarme ante ellos
y mirarlos cara a cara.

RABINDRANATH TAGORE

—¿Quién es Malala? —pregunta el miliciano talibán, mirando dentro de la camioneta escolar.

Malala es una niña que no tiene miedo.

«Voy a hacerme fuerte con el conocimiento», dice.

—Las niñas no deben ir a la escuela —dicen los
milicianos talibanes a las niñas del valle de Swat.
—Las niñas no deben leer —les dicen.
Las niñas no les escuchan.
Son unas niñas valientes.

La clase brilla con su propio sol, que no permite entrar las sombras amenazadoras. Pero al salir de la escuela, una nube oscura las sigue a todas partes.

Cada día los talibanes lanzan sus advertencias.

—Nada de escuela para las niñas —dicen.

«Tengo derecho a la educación.
 Tengo derecho a jugar.
 Tengo derecho a cantar.
 Tengo derecho a hablar.
 Tengo derecho a ir al mercado.
 Tengo derecho a DECIR LO QUE PIENSO».

Las valientes niñas del valle de Swat burlan a los talibanes vistiendo ropa normal en la escuela. Sus uniformes escolares están escondidos en sus casas.

Malala dice lo que piensa una y otra vez.

«No pueden detenerme,
seguiré con mis estudios,
en casa, en la escuela o donde sea».

No existe la paz en el valle de Swat.

Los talibanes queman y bombardean las escuelas.

Malala sigue hablando alto y claro.

> **«Los extremistas tienen miedo de los libros
> y los lápices.
> Tienen miedo de las mujeres.
> ¿Cómo se atreven los talibanes a arrebatarme
> mi derecho fundamental a la educación?».**

Ir a la escuela se vuelve cada vez más peligroso.

Las niñas van a la escuela y regresan de ella en una camioneta por seguridad.

Hasta que un día, un miliciano talibán detiene la camioneta, mira dentro y dice:

«¿Quién es Malala? ¡Habla fuerte si no quieres que dispare contra todas!»

Y dispara a Malala.

La camioneta la lleva corriendo al pequeño hospital del valle de Swat.

Un helicóptero la lleva volando a un hospital más grande, muy lejos.

Un avión a reacción la lleva surcando el océano a un hospital aún más grande.

Y en todos ellos, los médicos luchan por salvar su vida.

El disparo que recibió Malala resuena por todo el mundo.

Los rezos de niñas y niños, de hombres y mujeres, rodean su cama.

Lentamente, Malala despierta de aquella pesadilla.

Abre los ojos, toma un libro y sonríe.

Y su voz regresa.

El día de su décimo sexto aniversario, Malala vuelve a
hablar, ante los líderes mundiales, más alto que nunca.

> **«Creían que las balas nos harían callar,**
> **pero se equivocaron. . .**
> **Un niño, un maestro,**
> **un libro, un lápiz**
> **pueden cambiar el mundo».**

El mundo oye y escucha la voz de esta valiente niña
de Pakistán.

En su funeral,
800 personas lloran
por este niño valiente
de Pakistán.

De vuelta a casa, las amenazas continúan.

Pero siguen sin asustar a este niño de doce años.

Iqbal vive en libertad.

Hasta que un día, una bala le arrebata la vida
cuando iba en bicicleta.

Iqbal visita fábricas de alfombras de todo Pakistán. Difunde su mensaje de libertad a más de 3.000 niños esclavos.

Y cruza el océano para hablar en América.

«Me gustaría hacer lo que Abraham Lincoln hizo. Me gustaría hacerlo en Pakistán. Me gustaría liberar a los niños de la esclavitud».

Ya como niño libre, Iqbal empieza la escuela.

Es un niño inteligente y aprende muy rápido.

Es un niño valiente y denuncia la situación de otros niños como él.

Las amenazas de los propietarios de las fábricas no asustan a este niño de diez años.

Corre hacia la oscura fábrica
con la noticia, gritando:
«¡Somos libres! ¡Somos libres!».

Iqbal entra y descubre que los *peshgi* ahora son
ilegales y se han perdonado todas las deudas.
El capataz de la fábrica de las alfombras ya no
es su dueño.
Iqbal es libre.

Una noche, volviendo a casa fatigado, Iqbal
ve que se anuncia una reunión sobre los
peshgi, los préstamos que convierten a niños
como Iqbal en esclavos por deudas.

Iqbal vive en la oscuridad.

Camina hacia la fábrica antes de que salga el sol, trabaja todo el día en penumbra y vuelve a casa cuando el sol ya se ha escondido.

Sus pequeños dedos pueden hacer dibujos
muy intrincados, de tal complejidad que el
capataz no advierte que Iqbal teje su cometa
en un pedazo de alfombra.
Sus manos trabajan mientras su mente vuela.

Iqbal ve filas de niños encadenados como él,
tejiendo alfombras en una sofocante penumbra.

Iqbal es encadenado al telar,
para que no intente escapar.

—¡Nada de cometas aquí! —ruge el capataz
de la fábrica de alfombras, mientras arrastra
a Iqbal al interior de la oscura fábrica.
Solo hay una ventana, con barrotes.

¡DOCE DÓLARES!

Hasta que el préstamo de doce dólares a sus padres
no haya sido devuelto, Iqbal, un niño de cuatro años,
tiene que trabajar en la fábrica de alfombras.
Doce dólares por la libertad de un niño.

Que yo nunca rece
para ser preservado de los peligros,
sino para alzarme ante ellos
y mirarlos cara a cara.

RABINDRANATH TAGORE

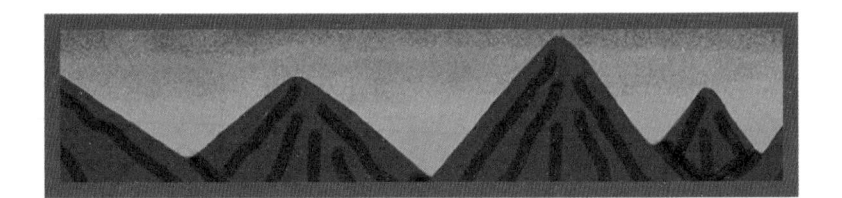

NOTA DE LA AUTORA

Dos niños pakistaníes denunciaron la injusticia de su mundo. La valentía con que afrontaron el peligro resulta inspiradora para todos aquellos que conocen su historia.

IQBAL MASIH
1982–1995

Iqbal Masih nació en el pueblo de Muridke, cerca de Lahore, en Pakistán. Cuando tenía tan solo cuatro años, sus padres vivían en la extrema pobreza y pidieron doce dólares en préstamo al propietario de una fábrica de alfombras. A cambio del préstamo, Iqbal se convirtió en un esclavo por deudas, encadenado cada día a un telar de alfombras hasta que sus padres liquidaran el préstamo.

A los diez años, Iqbal fue liberado por el Frente de Liberación del Trabajo Forzado de Pakistán. Después de obtener su libertad, Iqbal denunció con valentía el trabajo infantil.

El relato de Iqbal sobre los horrores de su experiencia se difundió por todo el mundo. Viajó lejos de su hogar para contar su historia.

Iqbal habló en una Conferencia Internacional del Trabajo en Estocolmo. En Boston recibió un premio de la Fundación Reebok de Derechos Humanos. El Alto Comisionado de las Naciones Unidas para los Derechos Humanos hizo los honores a Iqbal como «campeón de la lucha en Pakistán contra las formas contemporáneas de esclavitud que afectan a millones de niños en todo el mundo».

Iqbal quería estudiar derecho. La Universidad Brandeis le ofreció una beca completa para cuando estuviera preparado.

En casa, Iqbal recibía amenazas de muerte de personas de la industria de las alfombras. El 16 de abril de 1995, mientras él y dos de sus primos iban en bicicleta por el pueblo, Iqbal fue tiroteado y asesinado. Tenía doce años. Las circunstancias de su muerte nunca se esclarecieron.

La historia de Iqbal Masih me ha acompañado desde que leí su necrológica el 19 de abril de 1995, tres días después de que fuera tiroteado. Supe de su vida y del valor que mostró al denunciar la esclavitud infantil por deudas en las fábricas de alfombras de Pakistán.

El 9 de octubre de 2012, al leer que, en Pakistán, habían disparado a Malala Yousafzai por manifestarse a favor del derecho de las niñas a ir a la escuela, volví a pensar en Iqbal.

Dos niños valientes cuyo valor trasciende su juventud vinieron a mi mente a la vez, y de ahí surgió este libro.

—J. W.

Edición original de Beach Lane Books,
un sello de Simon & Schuster Children's Publishing Division, Nueva York

© del texto y las ilustraciones: Jeanette Winter, 2014
© de la traducción castellana:
EDITORIAL JUVENTUD, S. A., 2015
Provença, 101 - 08029 Barcelona
info@editorialjuventud.es
www.editorialjuventud.es

Traducción de Susana Tornero
Primera edición, 2015
ISBN 978-84-261-4186-6
DL B 3086-2015
Núm de edición de E. J.: 12.921

Printed in China

IQBAL

UN NIÑO VALIENTE DE PAKISTÁN

por JEANETTE WINTER

editorial juventud

Barcelona